Género Biografía

Pregunta esencial

¿Qué inventos conoces?

Los hermanos Wright

Mel Abelin

Capítulo 1

¿Quiénes fueron los hermanos Wright?

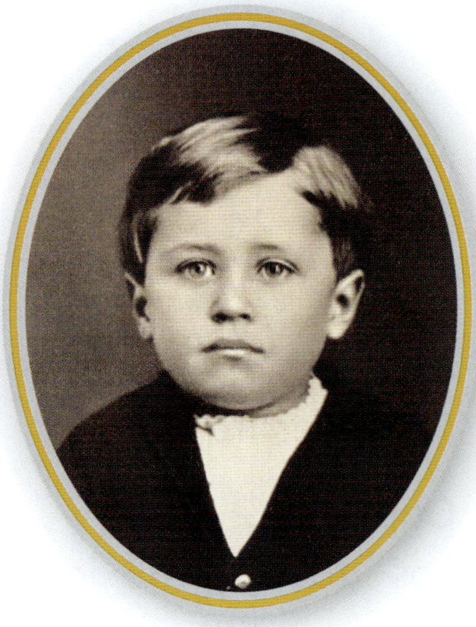

Wilbur está a la izquierda y Orville a la derecha.

Estos son los hermanos Wilbur y Orville Wright. ¡Ellos fueron los primeros en volar a través del cielo en avión! Wilbur nació primero, en 1867. Orville nació en 1871.

De niños, Orville y Wilbur vivieron en Iowa, Indiana y Ohio. La familia se mudaba mucho por el trabajo del padre. A Orville y Wilbur les encantaba estudiar y crear cualquier cosa, en la escuela y en casa. Su padre y su maestro los animaban a ser creativos y estudiosos.

Así eran los bancos de escuela cuando Wilbur y Orville eran niños.

Enigma/Alamy

Capítulo 2

Los trabajos de los hermanos Wright

Aquí vivió la familia Wright.

Wilbur se **lesionó** jugando hockey. El doctor le recomendó reposo. Tardó tres años en mejorar. En ese tiempo, cuidó a su madre enferma, ayudó a su padre, estudió y leyó mucho.

Detective del lenguaje ¿Para qué se usan las comas (,) en el texto subrayado?

Orville empezó a trabajar en una imprenta. Cuando Wilbur mejoró, también trabajó allí. Juntos inventaron una máquina de imprenta mejor. Trabajaron mucho y ganaron bastante dinero.

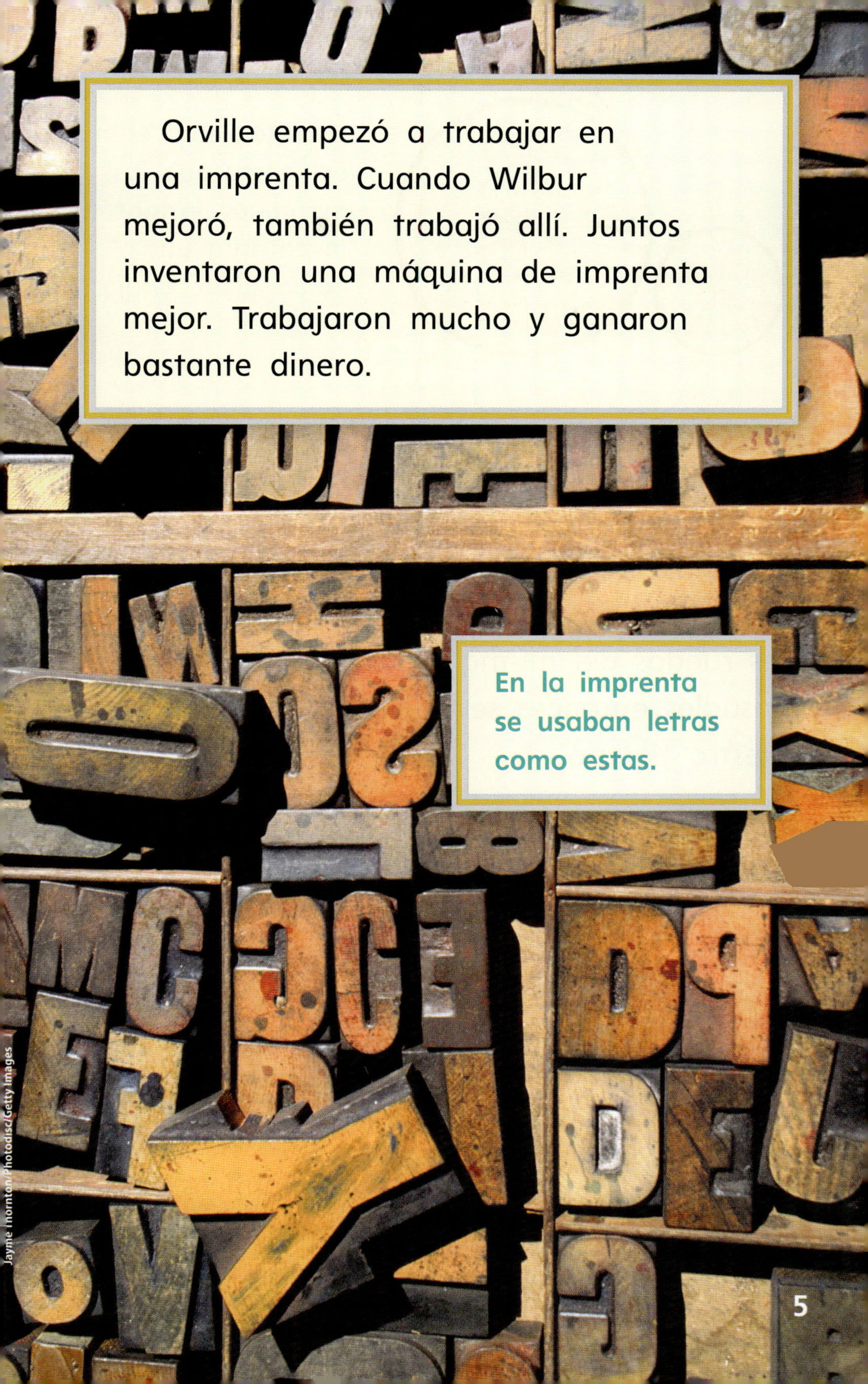

En la imprenta se usaban letras como estas.

Jayne Thornton/Photodisc/Getty Images

Las bicicletas eran así hasta que los hermanos Wright inventaron una como la de abajo.

En 1896, tuvieron otra gran idea. Abrieron un taller donde reparaban y vendían bicicletas. También hicieron cerca de 300 bicicletas. Hoy solo quedan cinco de ellas. Una de las bicicletas era más segura. Tenía dos ruedas del mismo tamaño. Esas bicicletas inusuales entonces se parecían a las de nuestro tiempo.

Detective del lenguaje

¿Qué adjetivos identificas en esta página?

Con el dinero que ganaron, empezaron a trabajar con aviones. De pequeños, su padre les había regalado un juguete que volaba. Jugaban con él todo el tiempo. Estudiaron cómo estaba hecho e hicieron su propio juguete volador. Desde entonces, volar fue su sueño.

La señora Wright

Puede que Wilbur y Orville heredaran de su madre la curiosidad por saber cómo funcionan las cosas. De niña, la señora Wright pasaba mucho tiempo en el taller de carruajes de su padre. De mayor, fabricaba pequeñas cosas domésticas. Incluso les hacía juguetes a sus hijos.

El señor Wright está en el centro de esta foto familiar.

Capítulo 3

¡El invento del avión!

Este fue el tercer planeador de los hermanos Wright.

Los hermanos Wright sabían que podían hacer una máquina voladora. Pero tenían que descubrir cómo hacerla. Luego tenían que **ensayar** sus ideas muchas veces para estar seguros de que funcionarían. Usaron alas a escala y túneles de viento. Probaron más de 200 alas. En 1902, hicieron su tercer planeador. Lo probaron casi mil veces. ¡Se elevó casi 600 pies!

En 1903, probaron su primer avión. Fue en Kitty Hawk, Carolina del Norte. Eligieron una playa para probarlo porque era el mejor sitio para prever accidentes.

Orville hizo el primer vuelo. Estuvo en el aire durante 12 segundos, y el avión subió hasta 120 pies. ¡Comenzaba la era de la aviación!

Volar, volar...

Con las primeras cometas nació la idea de que la gente podía volar. Eso dio lugar a nuevos inventos, como los globos aerostáticos y los planeadores.

En 1908, los hermanos hicieron el primer avión para el Ejército de Estados Unidos.

Los hermanos Wright se dedicaron a los aviones por el resto de su vida. Wilbur se enfermó y murió en 1912. Orville murió en 1948.

En 1928, hubo un **acto** para agradecer a los hermanos por su trabajo. Se creó un monumento para **conmemorarlos**. Está en la costa de Carolina del Norte, en el lugar donde hicieron su primer vuelo.

Wilbur y otras personas vieron como despegaba Orville.

(bkgd) Library of Congress Prints & Photographs Division [LC-DIG-ppprs-00692], (inset) C. Borland/PhotoLink/Photodisc/Getty Images

Respuesta a la lectura

Volver a contar

Vuelve a contar *Los hermanos Wright* con tus propias palabras.

Problema

↓

Pasos para la solución

↓

Solución

Evidencia en el texto

1. Lee la página 4. ¿Qué hacía Wilbur para pasar el tiempo cuando se lesionó?
   Problema y solución

2. Lee las páginas 8 y 9. Los hermanos Wright necesitaban probar sus aviones. ¿Cómo lo hicieron? Problema y solución

3. ¿Cómo sabes que *Los hermanos Wright* es una biografía? Género

CCSS **Género** Poesía

Compara los textos

Lee para comparar los aviones con las palomas.

Una palomita

Rima tradicional

Una palomita
que yo la crié,
viéndose con alas
volando se fue.

La dejé solita,
volví y no la hallé.
Como la quería,
tras ella volé.

Henk Badenhorst/Vetta/Getty Images

Encontré un señor
y le pregunté:
—¿A mi palomita
no la ha visto usted?

El señor me dijo:
—Escúchame bien,
que tu palomita
para allá se fue.

Haz conexiones

¿En qué se parecen las palomas a los aviones? **El texto y otros textos**

Glosario

acto celebración pública ***(página 10)***

conmemorar recordar, celebrar, evocar ***(página 10)***

ensayar probar, reconocer algo antes de usarlo ***(página 8)***

lesionarse lastimarse o hacerse daño ***(página 4)***

Índice

Enfoque: Ciencias

Propósito Aprender más sobre los objetos que vuelan

Paso a paso

Paso 1 Escribe los nombres de tres objetos que vuelan.

Paso 2 Elige uno de los objetos y dibújalo. Rotula tu dibujo con los nombres de las partes del objeto.

Paso 3 Escribe un párrafo acerca de tu dibujo.

Conclusión Muestra tu dibujo y tu párrafo a la clase.